BEI GRIN MACHT SICH IHR WISSEN BEZAHLT

AF155146

- Wir veröffentlichen Ihre Hausarbeit, Bachelor- und Masterarbeit

- Ihr eigenes eBook und Buch - weltweit in allen wichtigen Shops

- Verdienen Sie an jedem Verkauf

Jetzt bei www.GRIN.com hochladen und kostenlos publizieren

Bibliografische Information der Deutschen Nationalbibliothek:

Die Deutsche Bibliothek verzeichnet diese Publikation in der Deutschen National-
bibliografie; detaillierte bibliografische Daten sind im Internet über http://dnb.d-
nb.de/ abrufbar.

Impressum:

Copyright © 2017 GRIN Verlag, Open Publishing GmbH
Druck und Bindung: Books on Demand GmbH, Norderstedt Germany
ISBN: 9783668452091

Dieses Buch bei GRIN:

http://www.grin.com/de/e-book/366432/die-sozialbestattung-74-sgb-xii-unter-wel-
chen-voraussetzungen-das

Wigo Müller

Die Sozialbestattung (§ 74 SGB XII). Unter welchen Voraussetzungen das Sozialamt die Kosten der Bestattung übernehmen muss

GRIN Verlag

GRIN - Your knowledge has value

Der GRIN Verlag publiziert seit 1998 wissenschaftliche Arbeiten von Studenten, Hochschullehrern und anderen Akademikern als eBook und gedrucktes Buch. Die Verlagswebsite www.grin.com ist die ideale Plattform zur Veröffentlichung von Hausarbeiten, Abschlussarbeiten, wissenschaftlichen Aufsätzen, Dissertationen und Fachbüchern.

Besuchen Sie uns im Internet:

http://www.grin.com/

http://www.facebook.com/grincom

http://www.twitter.com/grin_com

Die Sozialbestattung (§ 74 SGB XII)

Unter welchen Voraussetzungen das Sozialamt die Kosten der Bestattung übernehmen muss

Dr. jur. W i g o M ü l l e r
ArbG - Direktor a. D.

Braunfels - Lahn
Mai 2017

Inhaltsverzeichnis

Abkürzungen

A
a. A.   anderer Ansicht

B
BGB   Bürgerliches Gesetzbuch
BGBl   Bundesgesetzblatt
BGH   Bundesgerichtshof
BGHZ   Entscheidungen des BGH in Zivilsachen
BSG   Bundessozialgericht
BSGE   Entscheidungen des BSG
BVerwG   Bundesverwaltungsgericht
BVerwGE Entscheidungen des BVerwG
BWVBl   Baden-Württembergische Verwaltungsblätter

D
DöV   Die öffentliche Verwaltung (Zeitschrift)
DVBl   Deutsches Verwaltungsblatt (Zeitschrift)

E
ErbR   Zeitschrift für die gesamte erbrechtliche Praxis
ErbStB   Erbschaftssteuerberater (Zeitschrift)

F
FamRZ   Zeitschrift für das gesamte Familienrecht
FEVS   Fürsorgerechtliche Entscheidungen der VG und SG
FG   Finanzgericht
FuBW   Fundstelle Baden-Württemberg (Zeitschrift)

G
GG   Grundgesetz für die Bundesrepublik Deutschland
GVBl   Gesetz- und Verordnungsblatt

I
info-also   Informationen zum Arbeitslosen und Sozialhilferecht

K
KG   Kammergericht (= OLG in Berlin)

L
LG   Landgericht
LKRZ   Zeitschrift für Landes- und Kommunalrecht
LPartG   Lebenspartnergesetz

LPK	Lehr- und Praxis-Kommentar SGB XII
LSG	Landessozialgericht

N

NdsRpfl	Niedersächsische Rechtspflege (Zeitschrift)
NJW	Neue Juristische Wochenschrift
NJW-RR	Rechtsprechungsreport der NJW
NRW	Nordrhein-Westfalen
NVwZ	Neue Zeitschrift für Verwaltungsrecht
NVwZ-RR	Rechtsprechungsreport der NVwZ
NWVBl	Nordrhein-Westfälische Verwaltungsblätter
NZS	Neue Zeitschrift für Sozialrecht

O

OLG	Oberlandesgericht
OLGR	Entscheidungen der OLG
OVG	Oberverwaltungsgericht

R

Rpfl	Der Rechtspfleger (Zeitschrift)

S

SG	Sozialgericht
SGB	Sozialgesetzbuch
SGB I	SGB - Allgemeiner Teil
SGB XII	SGB – Sozialhilfe

V

VersR	Versicherungsrecht (Zeitschrift)
VG	Verwaltungsgericht
VGH	Verwaltungsgerichtshof

Z

ZEV	Zeitschrift für Erbrecht und Vermögensnachfolge
ZfF	Zeitschrift für das Fürsorgewesen
ZfSH/SGB	Zeitschrift für Sozialhilfe und Sozialgesetzbuch
ZPO	Zivilprozessordnung

Einleitung

Mittellose Hinterbliebene eines Verstorbenen können beim Sozialamt die Übernahme der Bestattungskosten beantragen. Die Voraussetzungen einer vom Sozialamt zu übernehmenden Sozialbestattung sind in § 74 SGB XII wie folgt geregelt:

> Die erforderlichen Kosten einer Bestattung werden übernommen, soweit dem hierzu Verpflichteten nicht zugemutet werden kann, die Kosten zu tragen.

1 Die Bedeutung der Vorschrift

§ 74 SGB XII ist eine fürsorgerechtliche Regelung zur einmaligen Hilfe in einer besonderen Lebenslage. Bei der Übernahme von Bestattungskosten handelt es sich um eine Mussleistung der Sozialhilfe, auf die beim Vorliegen der gesetzlichen Voraussetzungen ein Rechtsanspruch besteht (LSG Darmstadt, L 9 SO 20/08, FamRZ 2008, 1790). Nach der Ent-scheidung des Gesetzgebers sollen die Kosten immer dann von der Gemeinschaft der Steuerzahler durch die Sozialhilfe abgedeckt werden, wenn kein anderer zur Kostentragung verpflichtet ist (OVG Münster, 14 A 451/10, DVBl 2011, 651). Dies ergibt sich aus dem in § 2 SGB XII enthaltenen, das Fürsorgerecht beherrschenden Grundsatz des Nachrangs der Sozialhilfe, nach dem Sozialhilfeleistungen nur dann gewährt werden wenn die Kosten nicht anderweitig gedeckt werden können (Schellhorn-Hohm-Scheider, SGB XII, § 2 RNr. 1; LPK-Armborst, SGB XII, § 2 RNr. 1).

2 Der Antrag nach § 74 SGB XII und der Kostenträger

Der Anspruchsberechtigte nach § 74 SGB XII ist derjenige der verpflichtet ist, die Kosten der Bestattung zu tragen (BSG, B 8 SO 20/10, NVwZ-RR 2012, 352 = BSGE 109, 61; BVerwG, 5 C 8.00, NVwZ 2001, 927 = BVerwGE 114, 57); dies kann auch eine juristische Person sein, zum Beispiel der in der Rechtsform einer GmbH betriebene Träger eines Altenheims (LSG München, L 8 SO 146/15, NZS 2015, 800 = FamRZ 2016, 260; SG Giessen, S 18 SO 183/14, ZEV 2017, 237). Eine bloß sittliche Bestattungspflicht ohne Rechtspflicht genügt auch bei großer persönlicher Nähe nicht (BVerwG, 5 C 02.02, NJW 2003, 3146).
Der Antrag auf Übernahme der Kosten nach § 74 SGB XII kann noch nach der Bestattung gestellt werden (BVerwG, 5 C 13.96, NJW 1998, 1329). Eine Antragstellung innerhalb angemessener Frist ist kein ungeschriebenes Tatbestandsmerkmal der Übernahme (LSG Darmstadt, L 6 SO 135/08, ZfSH/SGB 2010, 547). Der Anspruch gegen den Träger der Sozialhilfe gem. § 74 SGB XII ist nicht vererblich und geht mit dem Tod des Hilfebedürftigen unter (SG Darmstadt, 20.11.2013, S 17 SO 42/11);

er verjährt gem. § 45 Abs. 1 SGB I in vier Jahren nach Ablauf des Jahres in dem er entstanden ist (SG Detmold, 23.09.2014, S 2 SO 12/12).

Bei einem Sozialhilfeempfänger muss für die Kosten seiner Bestattung der örtliche Träger der Sozialhilfe (= kreisfreie Stadt oder Landkreis) aufkommen, der bis zu dessen Tod Sozialhilfe gewährt hat. Wenn es sich bei dem Verstorbenen nicht um einen Hilfeempfänger handelt, ist gem. § 98 SGB XII derjenige Träger sachlich zuständig, in dessen Bezirk der Sterbeort liegt. Dies gilt auch dann, wenn sich der Verstorbene dort nur zu Besuch aufgehalten hat (VGH München, 12 B 91.2999, NVwZ 1994, 600) oder wenn seinem nicht getrennt lebenden Ehegatten ein anderer Träger Hilfe zum Lebensunterhalt gewährt hat (OVG Münster, 12 A 4097 /99, FEVS 2002, 283). Sozialhilfeleistungen kommen für Deutsche, die sich vorübergehend im Ausland aufhalten, sei es auf einer Urlaubsreise, bei einem Verwandtenbesuch oder wegen einer Kranken(haus)behandlung grundsätzlich nicht in Betracht (Schellhorn-Hohm-Scheider, SGB XII, § 24, RNr. 6); dies gilt auch für die Bestattungskosten nach § 74 SGB XII (SG Darmstadt, 02.02.2017, S 17 SO 45/15: hier Tod und Beisetzung in Kabul).

3 Der Inhalt des Anspruchs auf Kostenübernahme

Der Steuerzahler soll sozialhilferechtlich nur für die Kosten einer würdigen Bestattung aufkommen (BSG, B 8 SO 20/10, NVwZ-RR 2012, 352 = BSGE 109, 61; BSG, B 8 SO 23/08, NVwZ-RR 2010, 527 = BSGE 104, 219); dh vom Sozialamt sind nur die Kosten für eine ortsübliche, angemessene Bestattung zu übernehmen (Schellhorn-Hohm-Scheider, SGB XII, § 74, RNr. 15). Was ortsüblich und angemessen ist, bestimmt sich in erster Linie nach der Friedhofsordnung (VGH Mannheim, 6 S 1639/90, NJW 1992, 1406 = NVwZ 1992, 83). Dabei ist gem. § 9 Abs. 2 SGB XII den angemessenen Wünschen des Leistungsberechtigten bzw der Bestattungspflichtigen zu entsprechen, denn diese Regelung ist eine das GG unmittelbar umsetzende, bei allen Hilfeleistungen zu beachtende Zentralvorschrift des SGB XII (LPK-Roscher, § 9 SGB XII, RNr. 20). Dabei sind auch die religiösen Bindungen der Hilfesuchenden zu beachten, weshalb eine Traueransprache durch einen Pfarrer oder Trauerredner angemessen sein kann. Die Benutzung der Trauerhalle und die Hinzuziehung eines Organisten werden nicht (mehr) für erforderlich angesehen (VGH Mannheim, 1 S 1471/07, BWVBl 2008, 137; OVG Münster, 19 A 4684/95, NWVBl 1996, 347).

Der Aufwand für eine Sozialbestattung stellt demnach gegenüber einem „bürgerlichen" Begräbnis nach § 1968 BGB ein Minus dar; dh es besteht kein Anspruch auf Übernahme der Kosten für eine standesgemäße Bestattung (VGH Kassel, 10 UE 2497/03, DöV 2004, 803 = FEVS 55, 400). Andererseits sind die zu übernehmenden Kosten nicht auf die Aufwendungen einer von der Ordnungsbehörde im Wege der Ersatzvornahme veranlassten Einfachbestattung beschränkt (LSG Darmstadt, L 9 SO 20/08, FamRZ 2008, 1790; OVG Münster, 19 A 194/96, NWVBl 1996, 380), vielmehr soll bei einer Sozialbestattung der Eindruck eines Armenbegräbnisses vermieden werden (VG Hannover, 3 A 5028/99, NdsRpfl 2000, 318).

Nach § 74 SGB XII sind vom Sozialamt nur die Kosten zu übernehmen, die unmittelbar der Bestattung, der ersten Herrichtung der Grabstätte und der Setzung eines Grabsteins dienen, bzw mit der Durchführung der Bestattung untrennbar verbunden sind. Anstelle einer Erdbestattung sind im Rahmen des § 74 SGB XII die Kosten einer Feuerbestattung, einschließlich der Aschenurne, zu übernehmen, wenn sich der Verstorbene bzw ein Bestattungsberechtigter für diese Form der Bestattung ausgesprochen hat (Schellhorn-Hohm-Scheider, SGB XII, § 74, RNr. 16). Bei einer Seebestattung ist die Pflicht zur Kostenübernahme auf die Kosten für eine einfache, würdevolle Erdbestattung begrenzt (VG Oldenburg, 13 A 430/02, ZfF 2003, 274).

4   Kein Anspruch falls Kosten anderweit gedeckt sind

Da es sich bei den Leistungen nach § 74 SGB XII um solche der Sozialhilfe handelt, werden diese gem. § 2 SGB XII nur nachrangig gewährt; dh nur dann, wenn die Kosten nicht anderweitig gedeckt werden können (BSG, B 8 SO 23/08, NVwZ-RR 2010, 527 = BSGE 104, 219). Deshalb besteht kein Anspruch aus § 74 SGB XII, wenn der Nachlass des Verstorbenen für die Kosten seiner Bestattung reicht; denn seine Hinterlassenschaft soll für seine Bestattung verwendet werden und nur ein „Überschuss" den Erben zugute kommen. Die Erben müssen den tatsächlich vorhandenen Nachlass einsetzen; die Regeln über das im Sozialhilferecht gem. § 90 SGB XII von der Verwertung ausgenommene sogen. Schonvermögen begünstigen den Erben nicht (BSG, B 8 SO 20/10, NVwZ-RR 2012, 352; BVerwG, 5 B 133.98, info-also 2000, 92 = FEVS 2000, 05; LSG Essen, 20.08.2012, L 20 SO 302/11 = Revision zurückgenommen BSG: B 8 SO 27/12). Ebenso wie im Steuerrecht muß der Antragsteller dem Sozialamt nicht nur die Erben des Verstorbenen nennen, sondern auch den Bestand des Nachlasses sowie die sonstigen Leistungen und Zuwendungen anlässlich des Todes des Verstorbenen nachweisen. Unterläßt er dies, kann er weder eine Steuerentlastung (FG Leipzig, 8 K 41/10, ErbBstg 2011, 264; FG Saarbrücken, 1 K 239/95, EFG 1997, 78) noch Sozialhilfe beanspruchen. Der Antragsteller kann sich nicht darauf berufen, er habe die Erbschaft ausgeschlagen, da dieses Gestaltungsrecht nicht zum Nachteil der Allgemeinheit ausgeübt werden kann (LSG München, L 8 SO 146/15, NZS 2015, 800 = FamRZ 2016, 260). In einem besonderen Fall hat das SG Karlsruhe (30.10.2015, S 1 SO 1842/15) eine Erbausschlagung anerkannt und das Sozialamt zur Übernahme der Bestattungskosten verpflichtet, da die dortige Klägerin die Erbschaft aus sittlichen Gründen ausgeschlagen hatte.

Kein Anspruch aus § 74 SGB XII besteht ferner dann, wenn aus Anlass des Todes für die Bestattung bestimmte Gelder fließen; denn diese muß sich der Anspruchsteller anrechnen lassen. Dabei handelt es sich um Leistungen aus einer Versicherung, um für die Bestattung angesparte Be-träge, um gezahlte Sterbegelder des (früheren) Arbeitgebers sowie um die Beihilfeansprüche verstorbener Beamter, Richter und Soldaten und ihrer Angehörigen, die demjenigen zustehen, auf dessen Kosten die Bestattung veranlasst wurde (OLG Köln, 11.12.1991, 27 U 105/91).

5   Die Zumutbarkeit der Kostentragung

Das Sozialamt übernimmt nach § 74 SGB XII nur dann die Kosten der Bestattung, wenn diese weder aus dem Nachlass des Verstorbenen, den aus Anlaß seines Todes erfolgenden Zahlungen oder von Zahlungspflich-tigen aufgebracht werden können und die Aufbringung der Mittel dem Antragsteller zuzumuten ist. Bei der Zumutbarkeit kommt es nicht auf die Bedürfnisse des Verstorbenen, sondern auf die desjenigen an, der sich auf § 74 SGB XII beruft. Dem Antragsteller ist die Übernahme der Bestattungskosten zuzumuten, wenn er über ein ausreichendes Einkomm-en und/oder Vermögen verfügt Bei Antragstellern, die verheiratet sind oder in einer eingetragenen Lebenspartnerschaft leben, muss das Sozial-amt bei der Prüfung der Bedürftigkeit auch das Einkommen und das Ver-mögen seines nicht getrennt lebenden Ehegatten bzw Lebenspartners berücksichtigen (SG Karlsruhe, S 1 SO 1329/11, FamRZ 2011, 1827). Beim Einkommen ist die Einkommensgrenze nach § 85 SGB XII die maßgebliche Berechnungsgröße. Übersteigt das Einkommen nach Ab-zug der, unbillige Härten vermeidenden Freibeträge die in § 85 SGB XII beschriebenen Grenzen, ist es in Höhe des Überschreitungsbetrags voll einzusetzen (§ 87 SGB XII). Nach dem Regelbedarfs-Ermittlungsgesetz (RBEG) vom 22. 12.2016 (BGBl 2016, 3159) gelten ab dem Jahr 2017 die folgenden Sätze:

Anspruchsberechtigt	ab 2017
Haushaltsvorstand / alleinstehend	409 Euro
Ehegatten / Lebenspartner	368 Euro
volljährige Leistungsberechtigte ohne Haushalt	327 Euro
Jugendliche von 15 bis 18 Jahre	311 Euro
Kinder von 7 bis 14 Jahre	291 Euro
Kinder von 0 bis 6 Jahre	236 Euro

Wenn das Sozialamt an Hand der vorstehenden Vorgaben die für die Bestattung erforderlichen Kosten und den dem Anspruchsteller zustehen-den Betrag ermittelt hat, wird es ihn in voller Höhe an ihn auszahlen.

Dies gilt auch, wenn mehrere, nicht leistungsfähige Bestattungspflichtige vorhanden sind.

6 Die Verweisung des Antragstellers an andere Kostenträger

Das Sozialamt muss bei seiner Entscheidung über einen Antrag nach § 74 SGB XII prüfen, ob für die Kosten der Bestattung ein Dritter aufkommen muss, auf dessen Inanspruchnahme der Antragsteller verwiesen werden kann. Diese Prüfung haben das LSG Darmstadt (L 9 SO 20/08, FamRZ 2008, 1790) und des VG Braunschweig (31.08. 2004, 3 A 348/ 03) unterlassen, die bei drei Bestattungspflichtigen dem Antragsteller nur ein Drittel der Kosten zugebilligt haben, weil er sich die auf die beiden Anderen entfallenden Anteile erstatten lassen könne. Diesen Entscheidungen kann nicht gefolgt werden; denn wenn andere Bestattungspflichtige leistungsfähig sind, besteht kein Anspruch nach § 74 SGB XII, da öffentliche Mittel nur dann eingesetzt werden, wenn kein anderer zur Übernahme der Kosten verpflichtet ist (OVG Münster, 14 A 451/10, DVBl 2011, 651).

Die Pflicht, die Kosten der Bestattung zu tragen, kann sich aus bürgerlichem und/oder öffentlichem Recht ergeben. Zerrüttete Familienverhältnisse oder eine fehlende Nähe zwischen den Angehörigen schließen die Kostentragung nicht aus (LSG Darmstadt, L 9 SO 226/10, ZEV 2012, 561); dh bei innerfamiliären Zerwürfnissen steht das Sozialamt nicht als „Ausfallbürge" zur Verfügung (SG Reutlingen, S 4 SO 1520/12, ErbR 2014, 273). Auch wenn seit langer Zeit kein Kontakt mehr zwischen dem Verstorbenen und seinen Angehörigen bestand, schließt dies deren Bestattungs- und Kostentragungspflicht nicht aus (VGH Kassel, 5 SA 1245/ 11, DVBl 2012, 123; OVG Münster, 14 A 451/10, DVBl 2011, 651).

6.1 Die bürgerlich-rechtliche Pflicht zur Kostentragung

In erster Linie sind gem. § 1968 BGB die Erben einen Verstorbenen zur Übernahme der Kosten seiner Bestattung verpflichtet. Sofern kein Nachlass vorhanden ist oder die Kosten nicht deckt, sehen die §§ 1615 Abs. 2, 1360 a Abs. 3, 1361 Abs. 4 BGB eine unterhaltsrechtliche Haftung für die Kosten vor. In erster Linie haftet derjenige, der dem Verstorbenen am nächsten steht; dh der nähere vor dem entfernteren Verwandten. Für nicht leistungsfähige Verwandte müssen gem. § 1607 Abs. 1, § 1603 Abs. 1 BGB die nach ihnen haftenden eintreten; dasselbe gilt gem. § 1607 Abs. 2 BGB für den Fall, dass die Rechtsverfolgung im Inland ausgeschlossen oder erheblich erschwert ist. Folgerichtig hat deshalb der BGH (IV ZR 132/11, NJW 2012, 1651) statt eines Kindes des Verstorbenen dessen „nachrangigen" Onkel, also den Bruder des Verstorbenen, haften lassen

6.2 Die öffentlich-rechtliche Pflicht zur Kostentragung

Die Pflicht, die Kosten der Bestattung zu übernehmen, kann sich auch aus den von den Bundesländern erlassenen Friedhofs- und Bestattungsgesetzen ergeben; denn die Gründe für die öffentlich-rechtliche Bestattungspflicht naher Angehöriger rechtfertigen es, die Pflicht zur Kostentragung an die Bestattungspflicht zu koppeln (VGH Kassel, 5 A 1245/11, DVBl 2012, 123). Erst dadurch erlangt die in den Friedhofs- und Bestattungsgesetzen getroffene Regelung über die Bestattungspflicht ihre eigentliche Bedeutung, indem der Bestattungspflichtige auch für die Kosten der Bestattung in Anspruch genommen werden kann (OVG Berlin, VI B 40/61, DöV 1964, 557). In diesem Zusammenhang stellt sich die Frage, ob für die Kosten der Bestattung nur die im jeweiligen Friedhofs- und Be -stattungsgesetz erstrangig bestimmten oder auch die folgenden Bestattungspflichtigen haften. Die Rangfolgen sind in den Bundesländern unterschiedlich geregelt. Hier sind die in Hessen, Niedersachsen und Nordrhein-Westfalen verbindlichen Stufen abgedruckt:

Stufe	Hessen	Niedersachsen	Nordrhein-Westfalen
1	Ehegatte, Lebenspartner	Ehegatte, Lebenspartner	Ehegatte Lebenspartner
2	Kinder	Kinder	volljährige Kinder
3	Eltern	Enkelkinder	Eltern
4	Großeltern	Eltern	volljähr. Geschwister
5	Enkelkinder	Großeltern	Großeltern
6	Geschwister	Geschwister	volljährige Enkelkinder
7	Adoptiveltern + -kinder		
8	Leiter Heim + Klinik		

Nach Ansicht des LSG Stuttgart (L 7 SO 5656/11, FEVS 14, 173) und des OVG Münster (19 A 1666/08, NWVBl 2010, 430) schließt das Vorhandensein eines Bestattungspflichtigen die Bestattungspflicht von Hinterbliebenen der nachfolgenden Stufen aus. Diese Ansicht kann nicht auf die aus der Bestattungspflicht hergeleitete Kostentragungspflicht übertragen werden. Die von den Bundesländern in ihren Friedhofs- und Bestattungsgesetzen vorgesehenen Rangfolgen sind in erster Linie für die Totenfürsorge bestimmt, die dann nicht gelten, wenn ein Bestattungspflichtiger einer späteren Stufe zur Übernahme der Bestattungskosten in der Lage wäre.
Dass das Sozialamt an die in den Landesgesetzen vorgesehenen Stufen nicht gebunden ist, folgt auch aus dem gem. § 2 SGB XII geltenden Grundsatz des Nachrangs der Sozialhilfe, der die Inanspruchnahme der Allgemeinheit der Steuerzahler ausschließt, wenn erstrangige Angehörige mittellos sind, aber weitere Bestattungspflichtige für die Kosten aufkommen könnten. Deshalb muß auch der Träger der Sozialhilfe bei der Bearbeitung eines Antrags nach § 74 SGB XII prüfen, ob statt des An-

spruchstellers ein anderer zur Übernahme der Kosten verpflichtet ist - und wenn dies der Fall ist, muss er die Übernahme der Bestattungskosten ablehnen. Diese Ansicht entspricht der entsprechenden Regelung im Unterhaltsrecht; denn dort ist in den §§ 1607 Abs. 1, 1603 Abs. 1 BGB bestimmt, dass für nicht leistungsfähige Verwandte die nach ihnen haftenden eintreten müssen; dasselbe gilt gem. § 1607 Abs. 2 BGB für den Fall, dass die Rechtsverfolgung im Inland ausgeschlossen oder erheblich erschwert ist (OLG Saarbrücken, 1 U 796/01, OLGR 2002, 228; KG, 12 W 289/79, VersR 1979, 379). Wegen des auch im Rahmen des § 74 SGB XII zu beachtenden Nachrangs der Sozialhilfe muss das Sozialamt einen Antrag auf Kostenübernahme ablehnen und den Antragsteller auf einen vorrangig Leistungspflichtigen verweisen, der ihm nach den Regeln der Geschäftsführung ohne Auftrag gem. §§ 677, 683, 670 BGB seine Aufwendungen zu ersetzen, bzw ihn von ihm übernommenen Verbindlichkeiten freizustellen hat (Palandt, BGB, § 670, RNr. 5; § 683, RNr. 8).

Eine Besonderheit gilt für die Leiter von Heimen und Kliniken, die nach den Friedhofs- und Bestattungsgesetzen einiger Bundesländer dann zur Bestattung der dort Verstorbenen verpflichtet sind, wenn kein Angehöriger vorhanden ist oder wenn sich niemand um deren Bestattung kümmert. Da die Leiter von Heimen und Kliniken nicht wegen ihrer familiären Bindung an den Verstorbenen, sondern wegen der von Leichen ausgehenden Gesundheitsgefahren zur Bestattung verpflichtet sind (VGH Kassel, 5 A 1245/11, DVBl 2012, 123) wurden sie zu Recht von der Über-nahme der Kosten freigestellt (BVerwG, 5 C 02.03, NJW 2004, 1969; OVG Koblenz, 7 A 11566/06, NVwZ-RR 2008, 114). Sofern sie wegen der gesetzlichen Regelung die Bestattung eines Verstorbenen veranlasst haben, zum Beispiel durch die Beauftragung eines Bestatters, und deshalb für dessen Kosten aufkommen müssen, können sie deren Übernahme gem. § 74 SGB XII durch das Sozialamt verlangen. Das SG Giessen (S 18 SO 183/14, ZEV 2017, 237) hat daher zu Recht entschieden, dass das Sozialamt den Leiter eines Altenheims nicht an andere Kostenträger verweisen kann. Die vom SG Giessen angestellten Er-örterungen, ob andere leistungsfähige Kostenträger vorhanden sind, war dagegen entbehrlich, weil die Leiter von Heimen und Kliniken nicht zur Kostentragung verpflichtet sind. Deshalb kann ihnen auch nicht zugemutet werden, die Kostenträger zu ermitteln und sie auf Erstattung ihrer Aufwendungen in Anspruch zu nehmen.

7   Die gesetzeskonforme Auslegung des Begriffs „zumutbar"

Die Zumutbarkeit der Kostentragung ist ein gerichtlich voll überprüfbarer unbestimmter Rechtsbegriff, der nach Maßgabe des Einzelfalls ausfüllungsbedürftig ist (LPK-Berlit, SGB XII, § 74 RNr. 7). Bei der Auslegung ist zu beachten, dass es für die Angehörigen eines Verstorbenen auf

Grund der familiären Verbundenheit seit jeher selbstverständlich ist, ihn würdig zu bestatten und seine Grabstätte bis zum Ablauf der Ruhezeit zu pflegen. Dazu gehört, dass sie für die dadurch entstehenden Kosten aufkommen, sodass die Allgemeinheit damit nur in Ausnahmefällen belastet wird. Das BSG hat in seiner Entscheidung vom 29.09.2009 (B 8 SO 23 /08, NVwZ-RR 2010, 527 = BSGE 104, 219) eine Belastung einer Antrag -stellerin mit den Kosten der Bestattung ihres Ehemanns bereits dann als unzumutbar angesehen, wenn der Ausgleichsanspruch gegen dessen Mutter möglicherweise schwierig durchzusetzen wäre. Unter Berufung auf diese Entscheidung wird die Ansicht vertreten, das Gericht habe das in § 74 SGB XII geregelte Recht auf Übernahme der Kosten durch die Sozialämter gestärkt. Diese Ansicht kann nicht gefolgt werden; zur Begründung muss auf den vom BSG entschiedenen Sachverhalt eingegang -en werden.

Urteil des BSG vom 29.09.2009 - B 8 SO 23/08
Das BSG hatte den Streit einer mittellosen Antragstellerin aus Nordrhein-Westfalen mit dem Sozialamt zu entscheiden und kam zum Ergebnis, sie könne die Übernahme der Kosten für die Bestattung ihres im Alter von 58 Jahren - ohne Nachlass - verstorbenen Ehemanns verlangen, da sich dessen leistungsfähige Mutter geweigert habe, diese zu übernehmen. Nach Ansicht des BSG sei es der Antragstellerin nicht zuzumuten, einen Ausgleichsanspruch gegen ihre Schwiegermutter durchzusetzen, da dieser eine, eher unwahrscheinliche Unterhaltspflicht voraussetze. In einem solchen Fall müsse das Sozialamt die Kosten für die Bestattung übernehmen, könne aber einen möglichen Ausgleichsanspruch gegen die Schwiegermutter auf sich überleiten.

Diese Entscheidung des BSG ist nicht geeignet, den Anspruch aus § 74 SGB XII zu „stärken", weil es den in § 2 SGB XII enthaltenen, zu den Grundprinzipien des Sozialhilferechts gehörenden (Schellhorn-Hohm-Scheider, SGB XII, § 2 RNr. 1; LPK-Armborst, SGB XII, § 2 RNr. 1). Grundsatz des Nachrangs der Sozialhilfe nicht ausreichend beachtet hat. Die Klage hätte schon deshalb abgewiesen werden müssen, weil die Schwiegermutter der Antragstellerin verpflichtet und in der Lage war, für die Kosten der Bestattung ihres Sohnes aufzukommen (OVG Münster 8 A 3515/95, NJW 1998, 2194). Daran ändert auch nichts der Umstand, dass sie sich geweigert hat, die Kosten zu übernehmen; denn andernfalls könnte das Sozialamt immer dann nach § 74 SGB XII in Anspruch genommen werden, wenn es ein Bestattungs- und Zahlungspflichtiger ablehnt, für die Kosten der Bestattung eines Angehörigen aufzukommen. Wie der unten abgedruckten Mitteilung des Statistischen Bundesamts zu entnehmen ist, steigen die von den - häufig überschuldeten - Gemeinden und Landkreisen aufzubringenden Steuermittel für die Sozialbestattung ständig, sodass kein Sozialamt verpflichtet werden kann, für die Kosten auch dann aufzukommen, wenn diese andere übernehmen müssen und dazu in der Lage sind. Überdies hat das BSG übersehen, dass sich die

Haftung der Schwiegermutter der Antragstellerin keineswegs nur aus ein -em „unsicheren" Unterhaltsanspruch, sondern auch aus dem in Nordrhein-Westfalen geltenden BestattungsG (NRW-GVBl 2003, 313) ergibt, nach dessen § 8 Abs. 1 die Eltern nach dem Ehegatten und den Kindern des Verstorbenen bestattungs- und damit auch zur Übernahme der Kosten verpflichtet sind. Gegen die Entscheidung des BSG spricht auch, dass sie den Streit unter den Angehörigen des Verstorbenen nicht beigelegt, sondern auf eine mögliche Überleitung des Anspruchs auf das Sozialamt verwiesen und von diesem damit eine, dem Zivilgericht vorbehaltene Entscheidung erwartet hat. Die fehlende Zuständigkeit folgt daraus, weil sich der aus §§ 677, 683, 670 BGB ergebende - zivilrechtliche - Anspruch der Antragstellerin gegen ihre Schwiegermutter auf Ersatz ihrer Aufwendungen, bzw auf Freistellung der von ihr übernommenen Verbindlichkeiten die Kosten einer „bürgerlichen", dh standesgemäßen Bestattung im Sinne des § 1968 BGB umfasst und sich daher nicht auf die ortsüblichen und angemessenen, also niedrigeren Kosten einer Sozialbestattung nach § 74 SGB XII beschränkt (Schellhorn-Hohm-Scheider, SGB XII, § 74, RNr. 15).

Schließlich lässt sich die Entscheidung des BSG auch nicht wegen einer Eilbedürftigkeit rechtfertigen; denn hier hätten die Interessen der Antragstellerin dadurch gewahrt werden können, indem ihr das Sozialamt den für eine Sozialbestattung erforderlichen Betrag als Darlehen zur Verfügung stellt (SG Düsseldorf, 13.02.2007, S 35 SO 12/06, ZfS 2008, 40; VG Freiburg, 4 K 517/04, FuBW 2004, 606). Dadurch wäre ihr genügend Zeit verblieben, um den Anspruch gegen ihre Schwiegermutter auf Übernahme der, bzw auf Freistellung von den Bestattungskosten durchzusetzen.

8   Ergebnis

Die Entscheidung des BSG vom 29.09.2009 (B 8 SO 23/08, NVwZ-RR 2010, 527 = BSGE 104, 219) betrifft einen Einzelfall und kann nicht zur Begründung dafür herangezogen werden, das BSG habe das Recht aus § 74 SGB XII „stärken" wollen. Was einem Antragsteller im Sinne des § 74 SGB XII „zumutbar" ist, muss im Interesse aller Steuerpflichtigen dahin ausgelegt werden, dass das Sozialamt nur dann die Kosten einer Bestattung übernehmen muss, wenn es dafür keinen anderen Kostenträger gibt. Eine Ausnahme gilt für die Leiter von Heimen und Kliniken, die nach den Friedhofs- und Bestattungsgesetzen einiger Bundesländer im öffentlichen Interesse zur Bestattung der dort Verstorbenen verpflichtet sind; deshalb muss für deren Kosten das Sozialamt aufkommen und kann sie nicht an andere Kostenpflichtige verweisen.

Übersicht:

Nach Angaben des Statistischen Bundesamts haben die Sozialämter im Jahr 2015 61.7 Millionen Euro für Sozialbestattungen aufgewendet; dies waren 2.6 Millionen Euro mehr als im Jahr zuvor und 4.3 Millionen Euro mehr als im Jahr 2012. Die Ausgaben sind je nach Region unterschiedlich. In Hessen wurden für eine Sozialbestattung im Jahr 2011 zwischen 1.100 Euro und 2.400 Euro ausgegeben, während Berlin dafür nur 750 Euro aufwendet, wozu aber noch die Kosten für das Krematorium und die Gebühren für den Friedhof kommen.

Weiterführendes Schrifttum:

Gotzen,
Die Sozialbestattung, 2. Auflage (2015)

Müller,
Wann übernimmt das Sozialamt die Bestattungskosten ? Hessische Städte- und Gemeinde-Zeitung 2013, 79

Trésoret-Seifert,
Die Sozialbestattung nach § 74 SGB XII, LKRZ 2010, 287

Gotzen,
Sozialhilfe im Todesfall, ZfF 2006, 01

Stelkens-Cohrs,
Bestattungspflicht und Bestattungskostenpflicht - Ordnungs- und Sozialhilfebehörden im Spannungsverhältnis zwischen „postmortalem Persönlichkeitsrecht" des Verstorbenen und allgemeinen Handlungsfreiheit seiner Hinterbliebenen in Zeiten knapper Kassen, NVwZ 2002, 917

Nachtrag

Die vorstehenden Hinweise sind nach bestem Wissen bearbeitet. Fehler sind dennoch nicht auszuschließen. Für mögliche Unrichtigkeiten kann keine Haftung übernommen werden. Hinweise, Anregungen und Vorschläge für Verbesserungen sind erwünscht.